MINISTÈRE DE LA GUERRE.

APPENDICE

AU RÈGLEMENT PROVISOIRE DU 24 FÉVRIER 1873,

SUR

LES EXERCICES À PIED ET À CHEVAL

DE L'ARTILLERIE.

MANIEMENT

DE

LA CARABINE MODÈLE 1866,

POUR LES TROUPES

DU TRAIN D'ARTILLERIE

ET

DU TRAIN DES ÉQUIPAGES MILITAIRES,

APPROUVÉ PAR LE MINISTRE DE LA GUERRE

LE 15 FÉVRIER 1875.

PARIS.

IMPRIMERIE NATIONALE.

1875.

V

MINISTÈRE DE LA GUERRE.

MANIEMENT

DE

LA CARABINE MODÈLE 1866,

POUR LES TROUPES

DU TRAIN D'ARTILLERIE

ET

DU TRAIN DES ÉQUIPAGES MILITAIRES.

APPENDICE

SUR

LES EXERCICES À PIED ET À CHEVAL

DE L'ARTILLERIE.

MANIEMENT

DE

LA CARABINE MODÈLE 1866,

POUR LES TROUPES

DU TRAIN D'ARTILLERIE

ET

DU TRAIN DES ÉQUIPAGES MILITAIRES.

APPROUVÉ PAR LE MINISTRE DE LA GUERRE

LE 15 FÉVRIER 1875.

PARIS.

IMPRIMERIE NATIONALE.

—

APPENDICE

AU RÈGLEMENT PROVISOIRE DU 24 FÉVRIER 1873

SUR LES EXERCICES À PIED ET À CHEVAL

DE L'ARTILLERIE.

—

MANIEMENT

DE

LA CARABINE MODÈLE 1866,

POUR LES TROUPES

DU TRAIN D'ARTILLERIE

ET

DU TRAIN DES ÉQUIPAGES MILITAIRES.

ÉCOLE DU CAVALIER À PIED.

—

Les mouvements qui composent le travail préparatoire et la première leçon de cette école seront enseignés aux cavaliers en se conformant aux principes prescrits dans le règlement provisoire du 24 février 1873 sur les exercices à pied et à cheval de l'artillerie.

On substituera dans le texte l'expression de cavalier au mot canonnier.

DEUXIÈME LEÇON.

TRAVAIL DU CAVALIER ARMÉ DE LA CARABINE.

Première partie.

Maniement de la carabine.

Travail de pied ferme et marche avec la carabine.

Deuxième partie.

Charge de la carabine.

Feux de la carabine.

1. Cette leçon est donnée autant que possible homme par homme ; on réunit au plus de six à huit cavaliers ; ils sont alors placés sur un rang à 1 mètre l'un de l'autre.

Les cavaliers armés de la carabine, ainsi que l'instructeur, sont en veste d'écurie, bonnet de police et giberne ; ils sont sans sabre.

Les cavaliers des compagnies légères qui sont armés de la carabine de gendarmerie ont le sabre-baïonnette.

On n'emploie au travail de pied ferme que la moitié de la séance, le reste est consacré à la marche et aux assouplissements.

PREMIÈRE PARTIE.

Maniement de la carabine (1).

2. L'instructeur, après avoir rappelé aux cavaliers la nomenclature sommaire de la carabine, leur pres-

(1) Le texte ordinaire s'applique à la carabine de cavalerie modèle 1866. — Pour le maniement de la carabine de gendarmerie on remplacera les mots entre parenthèses du texte ordinaire par les mots écrits en lettres italiques.

crit de prendre leur arme dans la main droite, et de la placer conformément aux explications qui vont leur être données.

Principes du port d'armes.

Fig. A.   Fig. B.

3. (*Fig. A et B*). — **L'arme dans le bras droit, le canon d'aplomb et appuyé au défaut de l'épaule ; le bras légèrement ployé sans écarter le coude ; la main droite embrassant le chien et la**

sous-garde, le pouce au-dessus de la sous-garde, le premier doigt dessous; le petit doigt au-dessus de la crête du chien, les autres au-dessous; la crosse à plat le long de la cuisse, la main gauche pendante sur le côté.

Les cavaliers de recrue étant sujets à porter le corps en arrière, à baisser l'épaule droite, ou à trop écarter le coude, il faut leur ôter quelquefois l'arme pour rectifier leur position.

L'instructeur porte une attention particulière à ce que le maniement de la carabine ne dérange pas la position du corps.

4. Les cavaliers étant au *port d'armes*,

Reposez-vous sur vos armes.

1 temps, 3 mouvements.

A la dernière partie du commandement, qui est ARMES, détacher l'arme verticalement et à 11 centimètres de l'épaule avec la main droite; la saisir en même temps avec la main gauche (à la capucine) (*à la grenadière*), le pouce allongé sur le bois.

2. Saisir l'arme avec la main droite (au-dessous et contre la grenadière) (*à 10 centimètres au-dessus de la main gauche*).

3. Replacer vivement la main gauche sur le côté; poser l'arme

à terre sans frapper, le talon de la crosse à 5 centimètres et à hauteur de la pointe du pied droit, le bras étendu, le coude près du corps, le canon entre le pouce et les trois premiers doigts allongés, le petit doigt derrière le canon.

Reposez vos = ARMES.

Portez vos armes.

1 temps, 3 mouvements.

5. A la dernière partie du commandement, qui est ARMES, élever l'arme verticalement avec la main droite, le canon détaché et à 11 centimètres de l'épaule; saisir l'arme avec la main gauche (à la capucine) (*à la grenadière*), le pouce allongé sur le bois.

2. Descendre la main droite, embrasser avec cette main le chien et la sous-garde; le pouce au-dessus de la sous-garde, le premier doigt au-dessous; le petit doigt au-dessus de la crête du chien, les autres au-dessous.

3. Appuyer l'arme à l'épaule avec la main droite et replacer en même temps la main gauche sur le côté.

Portez = ARMES.

6. Les cavaliers étant à la position de *reposez-vous sur vos armes*,

Au commandement : REPOS, conserver l'un ou l'autre talon en place et maintenir l'arme à volonté.

Au commandement : *Garde à vous*, reprendre la position de *reposez-vous sur vos armes.*

1. REPOS.
2. *Garde à vous.*

7. Les cavaliers étant au *port d'armes,*

Présentez vos armes.

ı temps.

A la dernière partie du commandement, qui est ARMES, apporter l'arme avec la main droite vis-à-vis le milieu du corps, le canon d'aplomb, la sous-garde en avant, l'avant-bras collé au corps sans être gêné ; saisir l'arme avec la main gauche à hauteur de la hausse, le pouce allongé sur le bois, le poignet à hauteur du coude ; la main droite, quittant alors la sous-garde, saisit la poignée, les doigts allongés.

Présentez = ARMES.

Portez vos armes.

ı temps.

8. A la dernière partie du commandement, qui est ARMES, replacer la main droite à la sous-garde, rapporter l'arme avec la main droite contre l'épaule, le canon d'aplomb, et replacer en même temps la main gauche sur le côté.

Portez = ARMES.

L'arme sur l'épaule droite.

1 temps, 3 mouvements.

9. A la dernière partie du commandement, qui est DROITE, détacher l'arme verticalement et à 11 centimètres de l'épaule avec la main droite; l'élever et la saisir avec la main gauche à la hauteur de la hausse, le pouce allongé sur le bois.

2. Ressaisir l'arme avec la main droite à la crosse.

3. Placer l'arme sur l'épaule droite, le levier en dehors, le bout du canon en l'air, dirigé en arrière à gauche, le bec de la crosse entre les deux premiers doigts, et replacer en même temps la main gauche sur le côté.

L'arme sur l'épaule = DROITE.

Portez vos armes,

1 temps, 3 mouvements.

10. A la dernière partie du commandement, qui est ARMES, redresser l'arme avec la main droite en allongeant le bras; la saisir immédia tement avec la main gauche à hauteur de la hausse, le pouce allongé sur le bois, la sous-garde en avant.

2. Descendre l'arme verticalement avec les deux mains, la main droite se replaçant à la sous-garde.

3. Appuyer l'arme à l'épaule avec la main droite et replacer en même temps la main gauche sur le côté.

Portez = ARMES.

11. Les cavaliers étant à la position de *présentez vos armes,*

Genou à terre.

1 temps.

A la dernière partie du commandement, qui est TERRE, porter le pied droit en arrière, en tournant un peu la pointe du pied gauche en dedans; mettre le genou à terre à 16 centimètres en arrière et à droite du talon gauche,

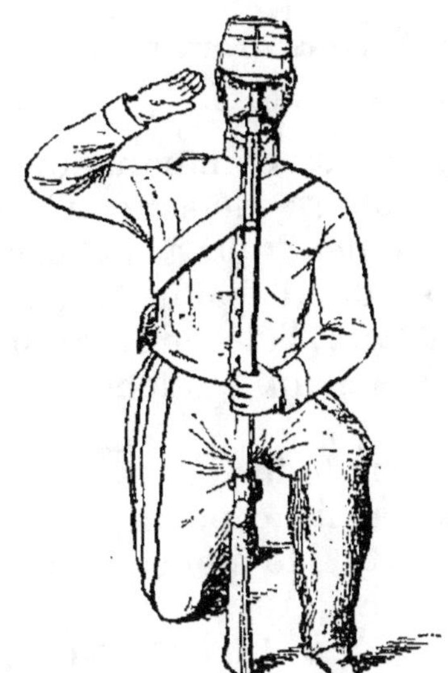

l'avant-bras gauche appuyé sur la cuisse; laisser glisser la crosse jusqu'à terre sans frapper, et abandonner l'arme de la main droite, qui se place à la coiffure, le dessus de la main contre la visière, les doigts étendus et joints, le coude élevé.

Genou == TERRE.

Portez vos armes.

2 temps.

12. A la première partie du commandement, qui est PORTEZ, élever l'arme avec la main gauche, la saisir à la poignée avec la main droite, se relever, rapporter le pied droit à côté du gauche et reprendre la position de *Présentez vos armes.*

A la dernière partie du commandement, qui est ARMES, porter l'arme.

PORTEZ == ARMES.

L'arme sous le bras droit.

1 temps, 3 mouvements.

13. A la dernière partie du commandement, qui est DROIT, détacher l'arme verticalement et à 11 centimètres de l'épaule avec la main droite, l'élever et la saisir avec la main gauche à la poignée.

2. Saisir le fusil avec la main droite (à la capucine) (*à la grenadière*), le pouce allongé sur le bois.

3. Chasser la crosse sous le bras avec la main gauche, en tournant le fusil avec les deux mains le canon en dessous, le levier en avant de la hanche, la sous-garde touchant le corps, le bout du canon dirigé vers la terre, le pouce de la main droite sur (la capucine) (*la grenadière*), et replacer vivement la main gauche sur le côté.

L'arme sous le bras = DROIT.

Portez vos armes.

1 temps, 3 mouvements.

14. A la dernière partie du commandement,

qui est ARMES, redresser l'arme avec la main droite, en la tournant la sous-garde en avant, la main droite à hauteur du teton, le pouce allongé sur le bois; la saisir avec la main gauche, à la naissance de la crosse.

2. Descendre l'arme verticalement avec les deux mains, la main droite se replaçant à la sous-garde.

3. Appuyer l'arme à l'épaule avec la main droite et replacer en même temps la main gauche sur le côté.

Portez = ARMES.

15. Les cavaliers armés de la carabine de cavalerie étant à la position de *reposez-vous sur vos armes*,

L'arme à la grenadière.

1 temps, 2 mouvements.

A la dernière partie du commandement, qui est GRENA-DIÈRE, faire glisser la boucle de la bretelle jusqu'au battant de sous-garde avec les deux mains, soutenant l'arme avec le bras droit; saisir l'arme à hauteur de la hausse, avec la main droite, le pouce allongé sur le bois, l'élever en travers au-dessus de la tête, le levier en dessus, le bout du canon à gauche et plus élevé que la crosse, la bretelle pendante.

2. Passer la tête et le bras droit entre la bretelle et la carabine, qu'on laisse tomber à droite, placer la main droite sur la crosse pour la chasser en arrière et replacer cette main sur le côté.

L'arme = GRENADIÈRE.

Replacez vos armes.

1 temps, 2 mouvements.

16. A la dernière partie du commandement, qui est ARMES, saisir l'arme à la poignée avec la main droite, la tirer en avant pour passer le bras droit entre le corps et la carabine, la saisir avec la même main à hauteur de la hausse, le pouce allongé sur le bois.

2. Élever l'arme, la passer en travers par dessus la tête, poser la crosse à terre à 5 centimètres et à hauteur de la pointe du pied droit, tendre la bretelle et reprendre la position de *reposez-vous sur vos armes.*

Replacez = ARMES.

Mouvements particuliers aux cavaliers armés de la carabine de gendarmerie modèle 1866 avec sabre-baïonnette.

17. Les cavaliers armés de la carabine de gendarmerie étant à la position de *reposez-vous sur vos armes*

L'arme à la grenadière.

1 temps, 2 mouvements.

A la dernière partie du commandement, qui est GRENADIÈRE, porter l'arme vis-à-vis le corps, la crosse à terre, la sous-garde en avant; faire glisser la boucle de la bretelle jusqu'au battant de crosse avec les deux mains; saisir l'arme de la main droite, le petit doigt touchant le levier, le pouce allongé sur le bois; l'élever en travers au-dessus de la tête, le levier en dessus, le bout du canon à gauche et plus élevé que la crosse, la bretelle pendante.

2. Passer l'arme par-dessus la coiffure, engager le bras droit entre la bretelle et la crosse, et placer la carabine diagonalement de l'épaule gauche à la hanche droite.

L'arme = GRENADIÈRE.

Reprenez vos armes.

1 temps, 2 mouvements.

18. A la dernière partie du commandement, qui est ARMES, saisir le canon avec la main gauche, en chassant la crosse en arrière avec la main droite, passer l'arme par-dessus la coiffure et la saisir avec la main droite, le petit doigt touchant le levier, le pouce allongé sur le bois.

2. Descendre l'arme, poser la crosse à terre

2

vis-à-vis le corps, la sous-garde en avant, tendre la bretelle et reprendre la position de *reposez-vous sur vos armes.*

Reprenez = ARMES.

Baïonnette au canon.

1 temps, 3 mouvements.

19. A la dernière partie du commandement, qui est CANON, détacher l'arme avec la main droite verticalement et à 11 centimètres de l'épaule, en la tournant le levier en avant; la saisir en même temps de la main gauche à la grenadière.

2. Descendre l'arme avec la main gauche, en achevant de la tourner le canon en avant, la main droite abandonnant la sous-garde, le bois sur la cuisse droite, la sous-garde près et en dehors de la cuisse, le bout du canon vis-à-vis et à 11 centimètres du milieu du corps; saisir l'arme de la main droite à l'embouchoir, le coude et l'avant-bras appuyés au corps; porter la main gauche renversée à la poignée du sabre-baïonnette et la saisir à pleine main, les ongles en dehors.

3. Tirer le sabre-baïonnette, le fixer au bout du canon et saisir l'arme de la main gauche à la grenadière.

Baïonnette = CANON.

Portez vos armes.

1 temps, 2 mouvements.

20. A la dernière partie du commandement,

qui est ARMES, porter l'arme vis-à-vis et à 11 centimètres de l'épaule droite, en la tournant le levier en avant; replacer la main droite à la sous-garde.

2. Appuyer l'arme à l'épaule avec la main droite, en achevant de la tourner la sous-garde en avant, et replacer vivement la main gauche sur le côté.

L'instructeur fait exécuter les mouvements détaillés n° 4, 5, 6, 7, 8, 9, 10, 11, 12, avec le sabre-baïonnette au bout du canon.

21. Les cavaliers étant au *port d'armes,* le sabre-baïonnette au canon,

Croisez la baïonnette.

1 temps, 2 mouvements.

A la dernière partie du commandement, qui est BAÏONNETTE, détacher l'arme avec la main droite verticalement et à 11 centimètres de l'épaule, en l'élevant un peu; la saisir en même temps de la main gauche au-dessous de la grenadière, le pouce par-dessus le canon; faire un demi-à-droite sur le talon gauche, en portant le pied droit en équerre derrière le gauche, le milieu du pied vis-à-vis et à environ 10 centimètres du talon gauche.

2. Abattre vivement l'arme avec les deux mains, le canon en dessus, le coude gauche appuyé au corps; saisir en même temps l'arme à la poignée avec la main droite, qui vient s'ap-

puyer contre la hanche, la pointe du sabre-baïonnette à hauteur de l'œil.

Croisez = BAÏONNETTE.

Portez vos armes.

1 temps, 3 mouvements.

22. A la dernière partie du commandement, qui est ARMES, redresser l'arme avec les deux mains verticalement et à 11 centimètres de l'é-paule, en revenant face en tête, la main gauche un peu au-dessus de la nanche droite; replacer la main droite à la sous-garde.

2. Appuyer l'arme à l'épaule avec la main droite, et replacer vivement la main gauche sur le côté.

Portez = ARMES.

Remettez la baïonnette.

1 temps, 2 mouvements.

23. A la dernière partie du commandement, qui est BAÏONNETTE, détacher l'arme avec la main droite verticalement et à 11 centimètres de l'épaule, en la tournant le levier en avant; la saisir en même temps de la main gauche à la grenadière.

2. Descendre l'arme avec la main gauche, en achevant de la tourner le canon en avant, la main droite abandonnant la sous-garde, le bois sur la cuisse droite, la sous-garde près et en dehors

de la cuisse, le bout du canon vis-à-vis et à 11 centimètres du milieu du corps; saisir l'arme de la main droite à l'embouchoir, le coude et l'avant-bras appuyés au corps, le pouce se plaçant sur le ressort du sabre-baïonnette, la main gauche embrassant la poignée et le canon.

3. Faire effort avec le pouce de la main droite sur le bouton du ressort; ôter le sabre-baïonnette, le renverser à droite, la pointe en bas; descendre la croisière contre la main droite, qui saisit la lame avec le pouce et les deux premiers doigts allongés, les deux derniers contenant l'arme; retourner la main gauche sans quitter la poignée; mettre le sabre-baïonnette dans le fourreau et replacer la main gauche à la grenadière.

Remettez = BAÏONNETTE.

Portez vos armes.

1 temps, 2 mouvements.

24. Comme il est prescrit après le **mouvement** *baïonnette au canon.*

Former les faisceaux.

25. Les cavaliers étant sur deux rangs, reposés sur les armes et ayant le sabre-baïonnette au canon,

Au commandement : *formez* = *les faisceaux,* l'homme du premier rang de chaque file paire passe son arme devant lui, la saisissant avec la main gauche à l'embouchoir, et la place le talon de la crosse à 20 centimètres en avant de la pointe du pied droit de l'homme qui est à sa gauche, le canon tourné vers la droite.

L'homme du second rang de la file paire passe son arme à son chef de file; celui-ci la saisit avec la main droite à l'embouchoir, et porte la crosse à 1 mètre environ en avant de l'alignement, vis-à-vis son épaule droite, le canon face au rang, mais obliquant un peu à droite; il incline vers lui le bout du canon et croise les quillons des deux sabres-baïonnettes, celui de l'homme du second rang en dessous.

L'homme du premier rang de la file impaire, tenant son arme avec la main droite à l'embouchoir, la tourne le canon en avant, et se fendant de la jambe gauche, embrasse avec son quillon ceux des armes déjà placées et laisse reposer la crosse à 20 centimètres en avant de ses pieds.

Le faisceau formé, l'homme du second rang de la file impaire passe son arme dans la main gauche, le canon en avant, se fend de la jambe gauche et place son arme sur le faisceau en l'inclinant.

Formez == LES FAISCEAUX.

Rompre les faisceaux.

26. Au commandement : *rompez* == *les fais ceaux*, l'homme du second rang de chaque file impaire retire son arme du faisceau.

L'homme du premier rang de la file paire

saisit son arme de la main gauche et celle de l'homme du second rang de sa file de la main droite, à l'embouchoir.

L'homme du premier rang de la file impaire saisit son arme de la main droite également à l'embouchoir; en se fendant de la jambe gauche, ces deux hommes soulèvent le faisceau pour le rompre.

L'homme du second rang de la file paire reprend son arme des mains de son chef de file et les quatre hommes reprennent la position de *reposez-vous sur vos armes*.

Rompez — LES FAISCEAUX.

Il est interdit de former les faisceaux avec les baguettes, qui ne sont pas assez résistantes pour supporter l'effort qui en résulte.

27. Pour faire rompre les rangs, l'instructeur fait d'abord remettre le sabre-baïonnette.

Travail de pied ferme et marche avec la carabine.

28. Dès que les cavaliers connaissent les premiers mouvements du maniement de la carabine, l'instructeur leur fait exécuter les mouvements de la première leçon, en veillant à ce qu'ils conservent toujours la régularité du *port d'armes*.

On les exerce ensuite à mettre l'arme sur l'épaule droite et à la porter en marchant. Les cavaliers armés de la carabine de gendarmerie sont exercés, en outre, à mettre le sabre-baïonnette au canon et à le remettre dans le fourreau.

Toutes les fois que les cavaliers se mettent en mouvement, ils placent, au commandement: MARCHE, la carabine sur l'épaule droite.

Toutes les fois que l'on commande : HALTE, les cavaliers portent vivement l'arme.

DEUXIÈME PARTIE.

Charge de la carabine.

29. Les cavaliers étant au *port d'armes,*

Charge en cinq temps.

1. Chargez vos armes.

1 temps, 2 mouvements.

A la dernière partie du commandement, qui est ARMES, faire un demi-à-droite sur le talon gauche, en portant le pied droit à 3o centimètres en arrière et à 25 centimètres sur la droite, les pieds formant l'équerre ; détacher l'arme verticalement et à 11 centimètres de l'épaule avec la main droite, l'élever et la saisir avec la main gauche à hauteur de la hausse, le pouce allongé sur le bois, les autres doigts réunis sur la monture, sans toucher le canon; baisser le coude et saisir la poignée avec la main droite.

2. Abattre l'arme avec les deux mains, la

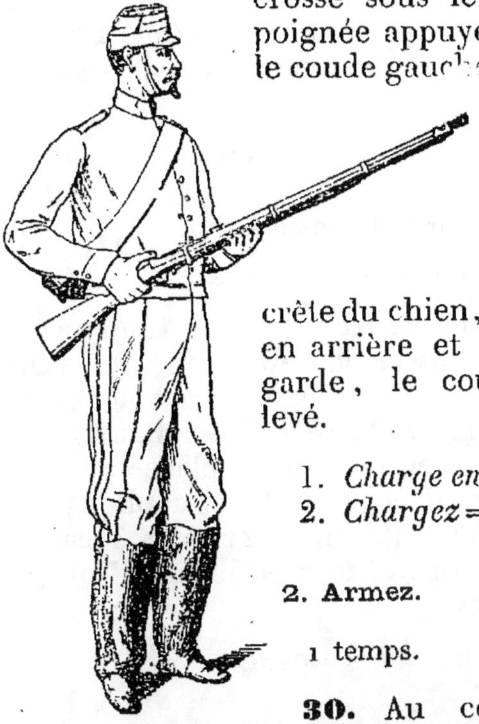

crosse sous le bras droit, la poignée appuyée à la hanche, le coude gauche collé au corps, le bout du canon à hauteur de l'épaule ; placer le pouce de la main droite sur la crête du chien, les autres doigts en arrière et contre la sous-garde, le coude légèrement levé.

1. *Charge en cinq temps.*
2. *Chargez* — ARMES.

2. Armez.

1 temps.

30. Au commandement : ARMEZ, tirer le chien en arrière, le mettre au cran de l'armé en faisant sonner distinctement la gâchette ; saisir le levier entre le pouce et le premier doigt ployé, les autres fermés.

ARMEZ.

3. Ouvrez le tonnerre.

1 temps.

31. A la dernière partie du commandement, qui est TONNERRE, relever le levier de manière à le placer horizontalement, le ramener en arrière sans brusquerie; porter la main droite à la giberne et saisir la cartouche par l'étui à poudre.

Ouvrez — TONNERRE.

4. Cartouche dans le canon.

1 temps.

32. A la dernière partie du commandement, qui est CANON, baisser la tête, fixer les yeux sur l'échancrure, y placer la cartouche, la balle en avant, l'introduire dans la chambre en l'accompagnant avec le pouce; placer le premier doigt sur le dard de la tête mobile, pour s'assurer que l'aiguille ne sort pas; saisir le levier entre le pouce et le premier doigt ployé, les autres fermés.

Cartouche — CANON.

5. Fermez le tonnerre.

1 temps.

33. A la dernière partie du commandement, qui est TONNERRE, chasser vivement la culasse mobile en avant, rabattre le levier à droite, saisir l'arme à la poignée avec la main droite, le premier doigt allongé contre la sous-garde.

Fermez — TONNERRE.

34. Les armes étant chargées, si l'instructeur veut les faire porter,

Portez vos armes.

2 temps.

A la première partie du commandement, qui est PORTEZ, baisser la tête, fixer les yeux sur la boîte de culasse, saisir le levier, le relever de manière à amener le cran de sûreté au milieu de la fente; placer le pouce sur la crête du chien, le premier doigt en avant de la détente, les autres en arrière et contre la sous-garde; appuyer le premier doigt sur la détente en soutenant le chien avec le pouce, le conduire avec précaution au cran de sûreté, et saisir l'arme à la poignée avec la main droite.

A la dernière partie du commandement, qui est ARMES, redresser l'arme avec les deux mains, la main droite se replaçant à la sous-garde; faire face en tête, en rapportant le talon droit à côté du gauche; descendre l'arme, l'appuyer à l'épaule avec la main droite, et replacer en même temps la main gauche sur le côté.

PORTEZ ══ ARMES.

——

Charge à volonté.

35. A la dernière partie du commandement: *chargez* ══ ARMES, qui est ARMES, exécuter les cinq temps de la charge sans s'arrêter et sans se régler les uns sur les autres.

1. *Charge à volonté.*
2. *Chargez* ══ ARMES.

Les armes étant chargées, si l'instructeur veut les
faire porter, il se conforme à ce qui est prescrit après
la charge en cinq temps (n° 34).

36. La carabine ne doit être chargée, autant que
possible, qu'au moment où l'on veut faire feu.

Le déchargement de la carabine s'opère à l'aide de
la baguette; le cavalier ouvre le tonnerre, et, après
s'être assuré que l'aiguille n'est pas sortie, il pose son
arme la crosse à terre, le canon incliné en avant; il
tire la baguette, l'engage dans le canon et la laisse
tomber sur la cartouche, en ouvrant la main pour
éviter toute chance d'accident, puis il remet la baguette.

37. L'instructeur fait exécuter aux cavaliers armés
de la carabine de gendarmerie la charge en cinq temps
et la charge à volonté avec le sabre-baïonnette au bout
du canon.

Feux de la carabine

38. Avant de commencer les feux, les cavaliers
sont exercés au pointage et au maniement de la hausse
(quatrième leçon, deuxième partie).

39. Les cavaliers étant à la position du cinquième
temps de la charge,

A l'indication : *à (tant de) mètres*, disposer la
hausse, s'il y a lieu.

A (tant de) mètres.

En joue.

1 temps.

40. Au commandement : JOUE, élever l'arme
avec les deux mains, sans brusquer le mouve-

ment, le corps restant droit; appuyer la crosse contre l'épaule, le coude gauche abattu, le coude droit à hauteur de l'épaule; fermer l'œil gauche, diriger l'œil droit par la hausse et le guidon pour ajuster, et placer le premier doigt de la main droite sur la détente.

JOUE.

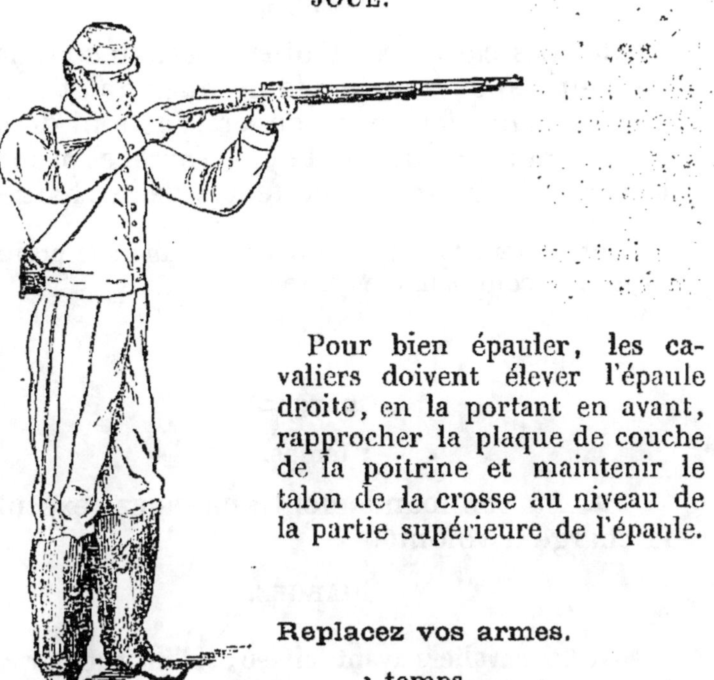

Pour bien épauler, les cavaliers doivent élever l'épaule droite, en la portant en avant, rapprocher la plaque de couche de la poitrine et maintenir le talon de la crosse au niveau de la partie supérieure de l'épaule.

Replacez vos armes.

1 temps.

41. A la dernière partie du commandement, qui est ARMES, retirer le premier doigt de dessus la détente et prendre la position du cinquième temps de la charge.

Replacez = ARMES.

42. Si avant de mettre *en joue*, ou après avoir replacé les armes, l'instructeur veut les faire porter, il se conforme à ce qui est prescrit après la charge (n° 34). Les cavaliers rabattent la hausse, après avoir désarmé.

Feu.

1 temps.

43. Les cavaliers étant *en joue*, au commandement : FEU, appuyer le premier doigt sur la détente; faire feu sans bouger la tête ni déranger l'arme; marquer un temps d'arrêt et prendre la position du cinquième temps de la charge.

L'instructeur fait reprendre aux cavaliers la position *en joue* et commande ensuite :

FEU.

Chargez.

1 temps.

44. Au commandement : CHARGEZ, exécuter la charge à volonté.

CHARGEZ.

45. Les cavaliers ayant fait feu, si l'instructeur veut faire porter les armes,

Portez vos armes.

2 temps.

A la première partie du commandement, qui est PORTEZ, rabattre la hausse, s'il y a lieu.

A la dernière partie du commandement, qui est ARMES, redresser l'arme en faisant face en tête, comme il a été prescrit après la charge (n° 34).

PORTEZ = ARMES.

46. La carabine étant chargée et les cavaliers au *port d'armes*, si l'instructeur veut faire exécuter le feu,

Apprêtez vos armes.

1 temps.

A la dernière partie du commandement, qui est ARMES, exécuter le premier temps de la charge, armer, rabattre le levier à droite, saisir l'arme à la poignée avec la main droite, le premier doigt allongé contre la sous-garde.

Apprêtez = ARMES.

L'instructeur commande ensuite : *A (tant de) mètres, joue, feu* ou *Replacez vos armes, chargez* ou *Portez vos armes.*

47. Les cavaliers étant au *port d'armes*

Inspection des armes.

1 temps, 3 mouvements.

A la dernière partie du commandement, qui est ARMES, exécuter le premier temps de la charge, armer, ouvrir le tonnerre, mettre le chien au cran de départ de manière à rendre l'aiguille apparente, et saisir l'arme à la poignée avec la main droite

2. Redresser l'arme avec les deux mains et l'apporter vis-à-vis le milieu du corps, en la tournant le canon en avant, la main gauche à hauteur du col; faire en même temps face en tête, en rapportant le talon droit à côté du gauche.

3. Prendre la position du cinquième temps de la charge, ramener le chien à l'arrêt, fermer le tonnerre, désarmer et porter l'arme.

Inspection == ARMES.

Si l'instructeur veut en même temps inspecter les sabres-baïonnettes des cavaliers qui en sont armés, il fait mettre la baïonnette au canon avant de commander l'inspection des armes.

48. L'inspection de l'arme ne s'exécute en la décomposant que dans l'instruction de détail; dès que les cavaliers commencent à en connaître les différents mouvements, l'instructeur la fait exécuter en passant par devant le rang.

Les cavaliers, après avoir exécuté le premier mouvement seulement, au commandement : *inspection* == ARMES, exécutent le deuxième successivement, au moment où l'instructeur passe devant eux, et ne se conforment à ce qui est prescrit pour le troisième, que lorsqu'ils sont dépassés de deux cavaliers.

Inspection = ARMES.

Pendant l'inspection, l'attention de l'instructeur doit se porter sur l'état de l'aiguille et de la tête mobile.

L'instructeur prend l'arme pour l'examiner s'il le juge à propos. — L'inspection terminée, il fait remettre la baïonnette aux cavaliers qui l'ont mise au bout du canon.

49. Lorsque les cavaliers exécutent correctement les différents mouvements de la charge et des feux, on les fait tirer à poudre. Le tir est individuel; chaque cavalier se porte successivement à quelques pas en avant du rang, charge son fusil et fait feu, au commandement de l'instructeur.

TROISIÈME LEÇON.

TRAVAIL DU CAVALIER ARMÉ DU SABRE.

Première partie.

Maniement de la carabine, les cavaliers ayant le sabre.

Maniement du sabre.

Travail de pied ferme et marche avec toutes les armes.

Deuxième partie.

Exercice du sabre.

50. Pour l'enseignement de cette leçon, on se conforme d'une manière générale aux principes prescrits dans le règlement du 24 février 1873.

Les cavaliers ayant le sabre au crochet la monture en arrière, sont exercés au maniement de la carabine suivant les principes détaillés à la deuxième leçon.

Pour le maniement du sabre, les cavaliers sont d'abord armés du sabre seulement. Lorsqu'ils commencent à exécuter régulièrement tous les mouvements du maniement du sabre, ils y sont exercés avec la carabine à la grenadière.

L'observation précédente est applicable aux mouvements de l'exercice du sabre.

QUATRIÈME LEÇON.

Première partie.	Deuxième partie.
Escrime à la baïonnette.	Exercices préparatoires.
	Pratique du tir.

51. Pour l'enseignement de cette leçon, on se conforme aux principes détaillés dans la quatrième leçon de l'école du canonnier à pied. (Règlement du 24 février 1873.)

L'escrime à la baïonnette ne sera pas considérée comme une partie obligatoire de l'instruction des cavaliers du train des équipages militaires armés de la carabine de gendarmerie avec sabre-baïonnette.

Elle ne sera enseignée à ces cavaliers que si les nécessités ordinaires du service le permettent.

La récitation littérale des mouvements ne sera pas exigée des instructeurs, mais ils devront être à même d'en diriger l'exécution et connaître les commandements nécessaires.

ÉCOLE DU CAVALIER À CHEVAL.

52. *Les mouvements qui composent le travail préparatoire, la première leçon et la deuxième leçon, sont* enseignés aux cavaliers conformément aux principes prescrits dans le règlement provisoire du 24 février 1873, sur les exercices à pied et à cheval de l'artillerie.

Dans la troisième leçon, la charge et les feux du pistolet doivent être remplacés par la charge et les feux du revolver (modèle 1873) (1), *mais pour les pelotons d'instruction seulement, les cavaliers n'étant armés du revolver que par exception.*

Lorsque les cavaliers ont été suffisamment exercés au travail de la deuxième leçon avec le sabre seulement, *ils prennent toutes les armes* et sont exercés d'abord au maniement des armes de pied ferme, conformément aux principes détaillés ci-après. Habituellement la carabine est placée à la grenadière.

Maniement des armes de pied ferme.

53. Avant de commencer le maniement des armes, l'instructeur *fait exécuter quelques mouvements,* au pas et au trot, pour calmer les chevaux. Pendant le reste de la leçon, le travail de pied ferme *est entrecoupé de mouvements aux diverses allures.* On exige dans leur exécution la plus grande régularité, de manière que les cavaliers, en apprenant à manier leurs armes, se perfectionnent de plus en plus dans l'habitude *de conduire leurs chevaux.*

(1) La cavalerie prépare actuellement une instruction sur le service du revolver.

3.

Les cavaliers marchant à main droite (*ou à main gauche*), l'instructeur fait exécuter au premier rang un doublé individuel et l'arrête à trois pas de la piste; il forme le deuxième rang à la gauche (*ou à la droite*) du premier par un mouvement semblable.

A l'indication: *maniement des armes*, chaque sous-instructeur se place à six pas en avant du centre de son rang, lui faisant face, et il exécute le maniement des armes à mesure que l'instructeur le détaille.

Pour remettre les cavaliers sur la piste, l'instructeur porte le deuxième rang en avant et lui fait exécuter un doublé individuel à gauche (*ou à droite*) en arrivant au grand côté; il fait exécuter ensuite le même mouvement au premier rang, de manière que les colonnes soient réglées.

Chaque sous-instructeur, au commandement préparatoire fait pour son rang, se replace à la droite de ce rang.

54. La carabine étant à la grenadière (1),

Replacez vos armes.

1 temps, 2 mouvements.

A la dernière partie du commandement, qui est ARMES, saisir la carabine à la poignée avec

---

(1) La botte de canon est suspendue par une courroie qui s'engage dans un dé placé en avant, sur le côté droit de l'arçon. La courroie de crosse est engagée, soit dans un dé spécial, soit dans le crampon de dragonne.

la main droite, la tirer en avant pour passer le bras droit entre le corps et la carabine, la saisir avec la même main à hauteur de la hausse, le pouce allongé sur le bois ; l'élever, la passer en travers par-dessus la tête ; porter la crosse sur la cuisse, le bout du canon haut et en avant, au-dessus de l'oreille droite du cheval, la sous-garde en avant.

2. Baisser l'arme avec la main droite ; engager le bout du canon dans la botte ; passer la courroie deux fois autour de la poignée, en soutenant la crosse avec la main gauche. sans quitter les rênes ; boucler la courroie avec la main droite et ajuster les rênes.

Replacez = ARMES. .

L'arme à la grenadière.

1 temps, 2 mouvements.

55. A la dernière partie du commandement, qui est GRENADIÈRE, déboucler la courroie avec la main droite, en soutenant la crosse avec la main gauche, sans quitter les rênes ; saisir l'arme à hauteur de la hausse avec la main droite, le pouce allongé sur le bois ; la dégager de la botte, l'élever et placer la crosse sur la cuisse, le bout du canon haut et en avant, au-dessus de l'oreille droite du cheval, la sous-garde en avant.

2. Élever la carabine en travers au-dessus de la tête, le levier en dessus, le bout du canon à gauche et plus élevé que la crosse, la bretelle

pendante ; passer la tête et le bras droit entre
la bretelle et la carabine, qu'on laisse tomber à
droite ; placer la main droite sur la crosse pour
la chasser en arrière et ajuster les rênes.

L'arme == GRENADIÈRE.

56. La carabine étant à la grenadière *ou* à la botte,

Haut les armes.

1 temps.

A la dernière partie du commandement, qui
est ARMES, exécuter le premier mouvement de
replacez vos armes ou de *l'arme à la grenadière*.

Haut == ARMES.

57. Les cavaliers étant à la position de *haut les armes*,

L'arme à la grenadière *ou* **Replacez vos armes.**

1 temps.

A la dernière partie du commandement, qui
est GRENADIÈRE *ou* ARMES, exécuter le deuxième
mouvement de *l'arme à la grenadière* ou de *replacez vos armes*.

L'arme == GRENADIÈRE ou *Replacez* == ARMES.

Sabre à la main.

2 temps.

58. A la première partie du commandement,

qui est SABRE, passer la main droite par-dessus les rênes pour exécuter ce qui est prescrit à pied.

A la dernière partie du commandement, qui est MAIN, exécuter ce qui est prescrit à pied et placer le poignet droit sur le haut de la cuisse.

SABRE == MAIN.

Remettez le sabre.

2 temps.

59. Exécuter ce qui est prescrit à pied, en observant que le cavalier, après avoir remis le sabre, ajuste les rênes.

REMETTEZ == SABRE.

60. L'instructeur fait ensuite *présenter* et *porter le sabre;* ces mouvements s'exécutent comme il est prescrit à l'école du cavalier à pied.

61. Les cavaliers étant à la position de *haut les armes,*

Charge en cinq temps.

Chargez vos armes.

1 temps.

A la dernière partie du commandement, qui est ARMES, placer l'arme dans la main gauche, qui la saisit à hauteur de la hausse, le pouce allongé sur le bois, les autres doigts réunis sur la monture, sans toucher le canon, le bout du canon un peu élevé et dirigé à gauche; placer le pouce de la main droite sur la crête du chien, les autres doigts en arrière et contre la sous-garde, le coude légèrement levé.

1. *Charge en cinq temps.*
2. *Chargez* = ARMES.

L'instructeur commande ensuite :

ARMEZ.

Ouvrez = TONNERRE.

Cartouche = CANON.

Fermez = TONNERRE.

Ces mouvements s'exécutent comme il a été prescrit à l'école du cavalier à pied.

62. Les cavaliers étant à la position du cinquième temps de la charge,

Haut les armes.

1 temps.

A la dernière partie du commandement, qui est ARMES, désarmer comme il est prescrit à pied, ressaisir l'arme avec la main droite, à hauteur de la hausse, et reprendre la position de *haut les armes* (n° 56).

Haut = ARMES.

L'instructeur commande ensuite : *L'arme* = GRENA-DIÈRE, ou *Replacez* = ARMES.

Quand on charge réellement, la carabine est toujours mise à la grenadière.

Charge à volonté.

63. A la dernière partie du commandement : *chargez* = ARMES, qui est ARMES, exécuter les cinq temps de la charge sans s'arrêter et sans se régler les uns sur les autres.

1. *Charge à volonté.*
2. *Chargez* = ARMES.

La carabine étant chargée, si l'instructeur ne veut pas faire exécuter le feu, il se conforme à ce qui est prescrit après la charge en cinq temps.

64. Les cavaliers étant à la position du cinquième temps de la charge,

A l'indication : *à (tant de) mètres,* faire exécuter au cheval un demi-à-droite et disposer la hausse s'il y a lieu.

A (tant de) mètres.

En joue.

1 temps.

65. Au commandement : JOUE, engager le petit doigt de la main droite dans l'extrémité des rênes; les saisir avec la main droite au bouton coulant, les ongles en dessous, en les abandonnant de la main gauche; élever l'arme avec la main gauche, en ployant le bras; lâcher le bouton coulant, saisir la poignée avec la main droite, qui tient toujours l'extrémité des rènes; appuyer la crosse contre l'épaule, ajuster en dirigeant le bout du canon vers la gauche, et placer le premier doigt de la main droite sur la détente.

JOUE.

Si le cheval se déplace, le cavalier reprend le bouton coulant avec la main droite, en maintenant la carabine avec la main gauche, le bout du canon élevé; il replace son cheval et revient ensuite à la position *en joue*.

Après ce mouvement l'instructeur commande : AU TEMPS.

Feu.

1 temps.

66. Les cavaliers étant *en joue*, au commandement : FEU, appuyer le premier doigt de la main droite sur la détente, faire feu; redresser la carabine avec les deux mains, la maintenir verticalement avec la main droite, pendant que la main gauche saisit les rènes; abandonner les rènes de la main droite, et reprendre la position du premier temps de la charge.

L'instructeur fait reprendre aux cavaliers la position *en joue* et commande ensuite :

FEU.

Chargez.

1 temps.

67. Au commandement : CHARGEZ, exécuter

la charge à volonté, et se tenir prêt à faire feu
ou à faire *haut les armes*, au commandement
de l'instructeur.

CHARGEZ.

Les cavaliers redressent leurs chevaux après le feu,
au commandement : *haut* = ARMES.

68. La carabine étant chargée et les cavaliers étant
à la position de *haut les armes*, si l'instructeur veut
faire exécuter le feu,

Apprêtez vos armes.

1 temps.

A la dernière partie du commandement,
qui est ARMES, exécuter le premier temps de la
charge, armer, rabattre le levier à droite, et
saisir l'arme à la poignée avec la main droite,
le premier doigt allongé contre la sous-garde.

Apprêtez = ARMES.

L'instructeur commande ensuite : *A (tant de) mètres*,
JOUE, FEU, CHARGEZ; il peut aussi ramener immédia-
tement les cavaliers à la position de *haut les armes*.

69. Les cavaliers étant à la position de *haut les armes*,

Inspection des armes.

1 temps, 2 mouvements.

A la dernière partie du commandement, qui
est ARMES, exécuter le premier temps de la

charge, armer, ouvrir le tonnerre, mettre le chien au cran de départ de manière à rendre l'aiguille apparente, et saisir le fusil à la poignée avec la main droite.

2. Ramener le chien à l'arrêt, fermer le tonnerre, désarmer et faire *haut les armes*.

Inspection == ARMES.

70. L'inspection de la carabine ne s'exécute en la décomposant que dans l'instruction de détail; dès que les cavaliers en connaissent le mécanisme, l'instructeur la fait exécuter en passant par devant le rang.

Les cavaliers, après avoir exécuté le premier mouvement, au commandement : *inspection* == ARMES, soulèvent légèrement la carabine, au moment où l'instructeur passe devant eux, et exécutent le deuxième mouvement dès qu'ils sont dépassés de deux cavaliers.

Inspection == ARMES.

Exercice du sabre de pied ferme.

71. Les cavaliers marchant à main droite ou à main gauche, l'instructeur leur fait prendre deux pas de distance entre eux et les établit ensuite comme il est prescrit pour le maniement des armes de pied ferme (n° 53).

Les cavaliers étant destinés à se servir de leurs armes presque toujours isolément, l'instructeur s'attache à la régularité de l'exécution individuelle et non à celle d'ensemble; il n'emploie à ce travail de pied ferme que le temps strictement nécessaire pour en bien faire comprendre tous les détails aux cavaliers.

72. Dans la deuxième partie de la troisième leçon, l'instructeur fait exécuter aux cavaliers le maniement, la charge et les feux de la carabine, au pas seulement.

Lorsque les cavaliers sont suffisamment exercés, on leur fait tirer quelques cartouches sans balle. Le tir à la cible à cheval n'est exécuté dans aucun cas.

----

73. Les écoles du peloton à pied et à cheval sont enseignées conformément aux principes détaillés dans le règlement du 24 février 1873. La tenue des cavaliers pour le peloton à pied est en armes avec la carabine.

Pour le peloton à cheval, la carabine est portée soit à la botte, soit à la grenadière, suivant l'ordre qui est donné.

TABLE DES MATIÈRES.